Heike Beckmann
Katrin Riegel

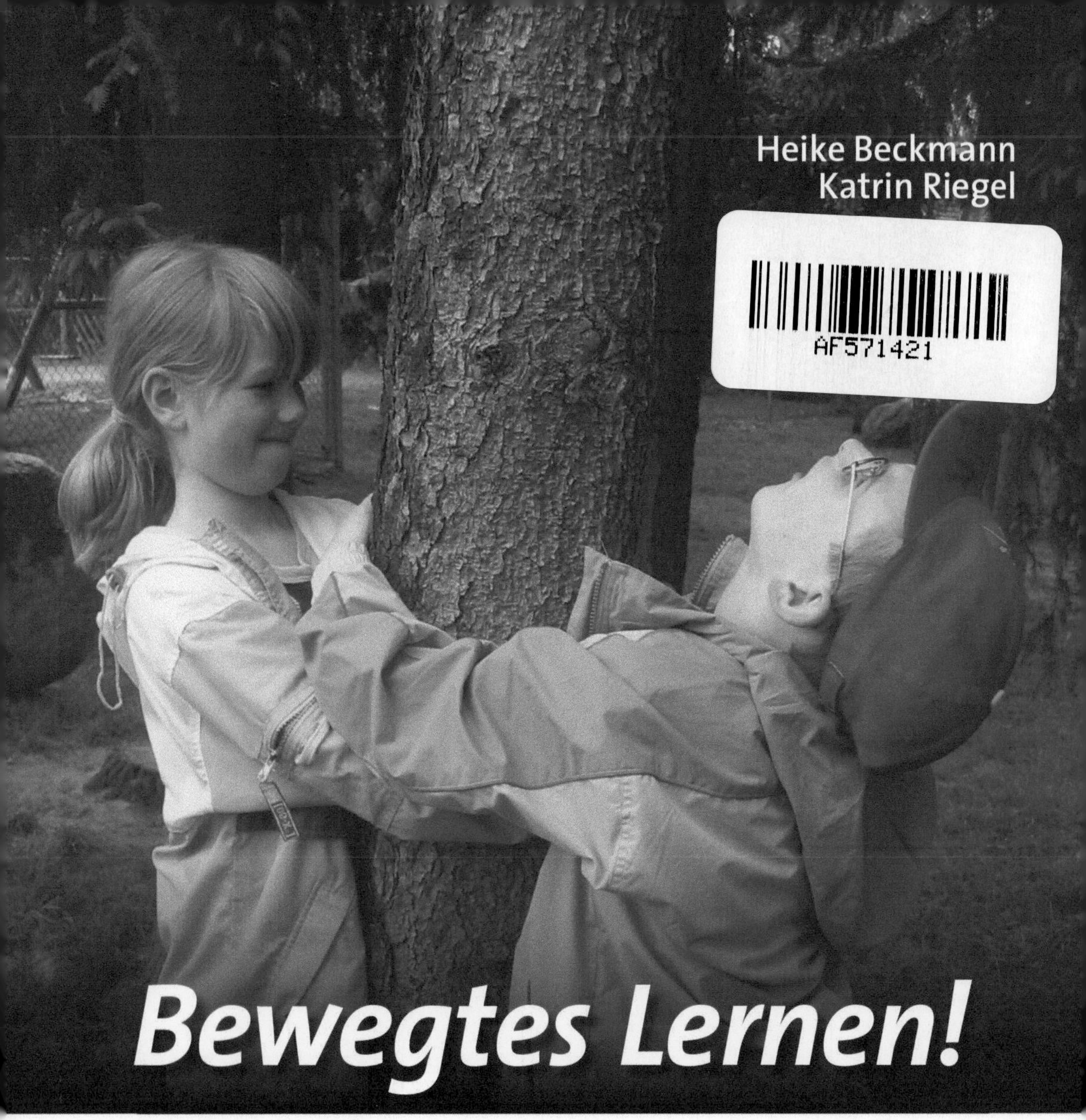

Bewegtes Lernen!

MATHE

1.–4. Klasse

Inhalte in und durch Bewegung nachhaltig verankern

Auer

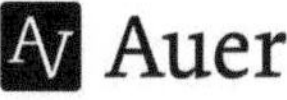

Gedruckt auf umweltbewusst gefertigtem, chlorfrei gebleichtem und alterungsbeständigem Papier.

3. Auflage 2017
Nach den seit 2006 amtlich gültigen Regelungen der Rechtschreibung

Umschlagfoto: Katrin Riegel
Illustrationen: Corina Beurenmeister
Satz: krauß-verlagsservice, Augsburg
Druck und Bindung: Libri Plureos GmbH, Hamburg
ISBN 978-3-403-06854-9

www.auer-verlag.de

Bewegter Unterricht

In die Schule kommen nicht nur die Köpfe der Schüler[1], sondern immer das ganze Kind mit seinen individuellen Bedürfnissen, auch seinen Bewegungsbedürfnissen. Daher erscheint es unsinnig, die Bewegungserfahrungen der Kinder auf die Pausen und den Sportunterricht zu beschränken und im Unterricht die tradierten Formen beizubehalten, die durch Sitzen, Zuhören und Stillarbeit gekennzeichnet sind. Vielmehr sollte die Verknüpfung von Bewegung *und* Lernen in einem Unterricht, der die körperlichen, emotionalen, materialen und sozialen Bedürfnisse der Kinder berücksichtigt, selbstverständlich sein (vgl. Riegel & Hildebrandt-Stramann, 2008).

Ein bewegter Unterricht unterstützt das Lernen dabei auf unterschiedliche Art und Weise:

- Erkenntnisse von und über die Welt gewinnen Kinder in der handelnden wahrnehmungsorientierten Auseinandersetzung mit derselben. Daher ergänzen Bewegungserfahrungen die bildhaften und symbolischen Wissenszugänge der Schüler auf einer körperlich-sinnlichen Ebene (vgl. Laging, 2000 b, Bruner 1971). Bewegungshandlungen werden genutzt, um sich „ein Lernthema zu erschließen, dabei etwas zu erkennen, zu erfahren, leibhaftig zu spüren und evtl. auch besser zu verstehen" (Hildebrandt-Stramann, 2009, S. 4).
- Die stärkere praktische, problem- und erlebnisorientierte Ausrichtung von Unterricht wird gleichzeitig von Hirnforschern wie Spitzer (2007) oder Hüther (2007) gefordert. Deren Untersuchungen bestätigen die positiven Effekte ganzheitlicher Unterrichtsinszenierungen auf die Lernprozesse der Schüler.
- Bewegung hat einen motivierenden Charakter. Ein bewegter Unterricht kann Emotionen wie Freude hervorrufen und das Wohlbefinden der Kinder im Unterricht erhöhen. Und obwohl positive Gefühle in der Motivationspsychologie nicht als zwingend lernförderlich gelten (vgl. Abele, 1995), kann man davon ausgehen, dass Freude als eine spontane, innere und emotionale Reaktion auf eine angenehme Situation, Auswirkungen auf subjektive Befindlichkeiten wie Wohlbefinden im Unterricht hat (vgl. Hascher, 2004).
- Bewegung führt zu einer Verbesserung der Sauerstoffversorgung des Gehirns, was das Aktivationsniveau des Gehirns steigern und dadurch positiven Einfluss auf die Konzentration und das Reaktionsvermögen haben kann (vgl. Schirp 2010; Fischer, Dickreiter & Mosmann, 1998).
- Bewegung im Unterricht hilft, einseitiger körperlicher Beanspruchung durch zu häufige statische Sitzhaltungen entgegenzuwirken. Denn für eine optimale Funktion von Muskeln und Strukturgewebe ist ein Wechsel von Entspannung und Aktivität am förderlichsten (vgl. Graf, 1998, S. 228).

[1] Wenn in diesem Buch vom Schüler gesprochen wird, ist auch immer die Schülerin gemeint. Ebenso verhält es sich mit Lehrer und Lehrerin.

Diese Begründungsmuster werden durch Untersuchungsergebnisse aus der Neurophysiologie untermauert. Körperliche Bewegung ist ein wichtiger Stimulus für die Neubildung von Hirnzellen und deren Vernetzung und scheint dadurch Einfluss auf Strukturen und die Funktionsweise des Gehirns zu haben, insbesondere auf kognitive Prozesse wie Gedächtnisleistung und Lernvermögen (Walk, 2011). Die Komplexität der Vernetzung von Neuronen im Gehirn untereinander scheint das Potential für assoziationsreiche geistig-sinnliche Leistungen zu sein und entscheidend durch die Eigenaktivität des Heranwachsenden geprägt zu werden (vgl. Rittelmeyer, 2002). Ein Unterricht, der die Emotionen, Stimmungen und Neigungen, aber auch individuelle Lernzugänge der Kinder berücksichtigt, kann also auf ein bewegtes Lernen mit „Kopf, Herz und Hand" im Sinne von Pestalozzis Anschauungspädagogik nicht verzichten.
Bezogen auf die Unterrichtsmethodik kann Lernen auf verschiedene Art und Weise über körperliche Bezüge erfolgen:

Lernen *mit* Bewegung *(vgl. Abb. 1)*

Zunächst kann Bewegung genutzt werden, um eine Unterrichtseinheit zu strukturieren und somit den Wechsel von körperlicher und seelischer Anspannung und Entspannung im Unterrichtsprozess zu berücksichtigen. Hierzu können auf der einen Seite offene Unterrichtsformen und Schüler aktivierende Methoden, wie Freiarbeit, Stationenlernen oder Gruppenarbeit, sowohl der äußeren als auch der inneren Rhythmisierung des Unterrichts durch den Schüler selbst dienen[2]. Dadurch erfolgt das Lernen grundsätzlich bewegter als in frontalen Unterrichtsformen. Denn die Schüler suchen sich – je nach Freiheitsgrad – z. B. ihre Themen oder Aufgaben heraus, entwickeln (bewegte) Lernwege, besorgen sich Materialien, bilden Lerngemeinschaften und präsentieren Lernergebnisse. Weiterhin können bewegungsaktive oder entspannende Pausen vom Lehrer im Sinne einer äußeren Rhythmisierung während des Unterrichtsverlaufs eingeschoben werden. Diese Bewegungspausen dienen in der Regel entweder der Aktivierung oder der Entspannung der Schüler in oder nach konzentrierten Arbeitsphasen. In diesem Buch wird Lernen *mit* Bewegung allerdings nicht thematisiert. Bei den Praxisbeispielen handelt es sich um Formen von bewegtem Lernen, die im Zusammenhang mit dem fachlichen Gegenstand stehen. Dabei wird Bewegung direkt in die Inszenierungsform des Unterrichts eingebunden und es besteht eine direkte Verknüpfung zwischen der Lehr-/Lerneinheit und der Bewegung, die der Lehrer explizit initiiert.

[2] Man kann im Rahmen einer Unterrichtseinheit zwischen äußerer und innerer Rhythmisierung unterscheiden. Äußere Rhythmisierung beschreibt den Wechsel der Lehr-/Lernformen innerhalb einer Unterrichtseinheit, der vom Lehrer oder vom Schüler aus gelenkt werden kann. Innere Rhythmisierung meint die individuelle Steuerung des Lernprozesses durch den Schüler, der sein Lernen grundsätzlich selbst lenkt (vgl. Burk, 2006).

Lernen *in* Bewegung *(vgl. Abb. 1)*

Bei dieser Möglichkeit, Bewegung in den Unterricht zu integrieren, erfolgt die Verknüpfung von Bewegung und Lernen nur auf zeitlicher Ebene, es besteht zwar ein methodischer, aber **kein** inhaltlicher Zusammenhang zwischen der Bewegung und dem Lerngegenstand. In diesem Fall begleitet das Sich-Bewegen den Lernprozess, die Bewegung wird *lernbegleitend* eingesetzt. Daher dient die Bewegung in diesem Fall der kindgemäßen Rhythmisierung einer Unterrichtseinheit, hat aber keinen Bezug zum Unterrichtsthema.

Lernen *durch* Bewegung *(vgl. Abb. 1)*

Sich-Bewegen wird genutzt, um die Qualität des Lernprozesses zu erhöhen und diesen um einen weiteren „Erschließungskanal" zu ergänzen. Das leibliche Lernen basiert auf sinnlicher Wahrnehmung, und der „Einverleibung des Wahrgenommenen" (Liebau, 2007, S. 104). Dabei wird die Bewegung zu einem Medium der körperlich-sinnlichen Aneignung von Lerninhalten in einem am eigenen Tun orientierten Unterricht und bekommt eine *lernerschließende* Funktion. Die Verknüpfung von Bewegung und Lernen erfolgt dabei gleichzeitig auf einer zeitlichen und inhaltlichen Ebene.

Laging et al haben die genannten Möglichkeiten, wie Bewegung auf unterschiedliche Weisen und in verschiedenen Formen in den Unterricht integriert werden kann, noch einmal zusammenfassend dargestellt *(Abb. 1)*:

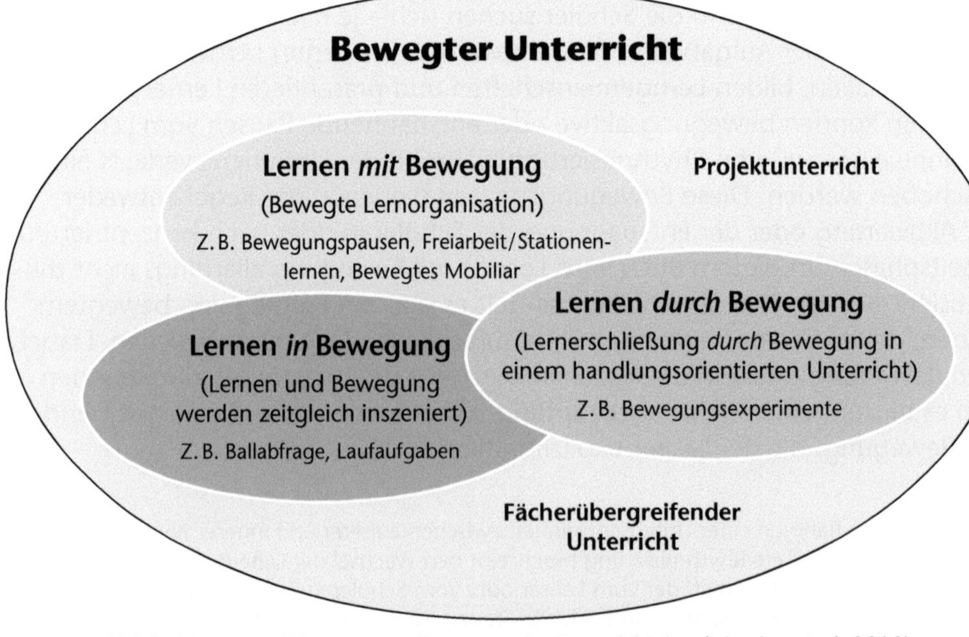

Abb. 1: Ebenen und Formen von Bewegung im Unterricht (nach Laging et al, 2010)

Bewegung kann also als rhythmisierendes Element entweder in Form von Bewegungspausen oder bewegten Lernaufgaben bewusst eingeplant werden oder sie wird durch eine offene Unterrichtsorganisation zugelassen und ermöglicht dadurch die Eigenrhythmisierung der Schüler im Unterricht. Vom Lehrer aus organisierte Bewegungspausen und der lernbegleitende Bewegungseinsatz dienen der äußeren Rhythmisierung und Auflockerung des Unterrichts und unterstützen dadurch das Lernen. Wenn Bewegung lernerschließend genutzt wird, unterstützt diese Form der Bewegungsintegration den Lernprozess auf qualitative, integrative Weise, indem sie hilft, den Lerninhalt zu durchdringen.

Ergänzt werden kann die Berücksichtigung der körperlich-leiblichen Bedürfnisse durch einen Klassenraum, der auch ein Bewegungsraum sein darf. Ein bewegter Klassenraum zeichnet sich dadurch aus, dass er verschiedene Arbeitsplätze, Rückzugsnischen aber auch Gelegenheiten für Partner- und Gruppenarbeiten oder Gemeinschaftsaktivitäten bietet. Die Ausstattung kann durch mobiles Mobiliar ergänzt werden, welches dynamisch-aktives Sitzen (Halbwalzen, Sitzkissen oder Sitzbälle) ermöglicht und gleichzeitig die Integration von Bewegung fördert, wenn das Mobiliar leicht zu handhaben ist (vgl. Laging, 2000 a).

Katrin Riegel und *Heike Beckmann*

Literatur

- Abele, Andrea (1995). Stimmung und Leistung. Göttingen: Hogrefe.
- Bruner, Jerome S. (2007). Über kognitive Entwicklung. IN: Jerome S. Bruner, Rose S. Olver & Patricia Greenfield (Hrsg.). Studien zur kognitiven Entwicklung. Stuttgart: Klett.
- Fischer, Bernd, Dickreiter, Bernhard & Mosmann, Hannjette (1998). Bewegung und geistige Leistungsfähigkeit – Was ist gesichert. IN: Urs Illi, Dieter Breithecker & Sepp Mundigler (Hrsg.). Bewegte Schule – Gesunde Schule (S. 131–136). Wäldli: Eigenverlag.
- Graf, Maggy (1998). Bewegte Lebensräume – Schulmobiliar und Einrichtungen. IN: Urs Illi, Dieter Breithecker & Sepp Mundigler (Hrsg.). Bewegte Schule – Gesunde Schule (S. 227–232). Wäldli: Eigenverlag.
- Hascher, Tina (2004). Wohlbefinden in der Schule. Münster: Waxmann Verlag.
- Hildebrandt-Stramann, Reiner (2009). Lernen mit Leib und Seele. Sportunterricht 58 (1), 3–7.
- Hüther, Gerald (2007). Hauptvortrag auf dem Kongress „Treibhäuser der Zukunft" in Hamburg am 23.09.2007.
- Laging, Ralf (2000 a). Die Bausteine einer Bewegten Schule. IN: Ralf Laging & Gerhard Schillack (Hrsg.) Die Schule kommt in Bewegung (143–164). Baltmannsweiler: Schneider Verlag Hohengehren.
- Laging, Ralf (2000 b). Theoretische Bezüge und Konzepte der Bewegten Schule – Grundlagen und Überblick. IN: Ralf Laging & Gerhard Schillack (Hrsg.) Die Schule kommt in Bewegung (2–38). Baltmannsweiler: Schneider Verlag Hohengehren.
- Laging, Ralf, Dericik, Ahmet, Riegel, Katrin & Stobbe, Cordula (2010). Mit Bewegung Ganztagsschule gestalten. Baltmannsweiler: Schneider Verlag.
- Liebau, Eckart (2007). Leibliches Lernen. IN: Michalel Göhlich, Christoph Wulf & Jörg Zirfas (Hrsg.). Pädagogische Theorien des Lernens. Weinheim und Basel: Beltz.
- Riegel, Katrin & Hildebrandt-Stramann, Reiner (2009). Bewegung und Lernen. Tagungsband. Braunschweig: Eigenverlag.
- Schirp, Heinz (2010). Wie „lernt" unser Gehirn? Neurodidaktische Zugänge zur Unterrichtsentwicklung. IN: Rolff, Hans-Günter, Rhinow, Elisabeth, Röhrich, Theresa (Hrsg.). Unterrichtsentwicklung – Eine Kernaufgabe der Schule (S. 3–28). Köln: LinkLuchterhand.
- Spitzer, Manfred (2007). Lernen: Gehirnforschung und die Schule des Lebens. Berlin: Spektrum.
- Walk, Laura (2011). Bewegung formt das Gehirn. DIE Zeitschrift für Erwachsenenbildung (1), S. 27–29.

Zum Aufbau

Der vorliegende Band bietet eine Sammlung an 50 Möglichkeiten, Methoden und Ideen, wie „Bewegtes Lernen" leicht und effektiv in den Unterricht integriert werden kann. Dabei sind jeweils verschiedene Vorschläge zu den Kompetenzbereichen **Zahlen und Operationen, Raum und Form** sowie **Größen und Messen** zu finden.

Alle Übungen sind vielseitig einsetzbar und können leicht an die spezifischen Bedürfnisse der Adressatengruppe angepasst werden.

Jede Übung nimmt eine Seite ein. Der Name der Bewegungsübung und die Jahrgangsstufe finden sich dabei direkt in der Kopfzeile.

Zur schnellen Orientierung sind immer **Ziel** (Was soll mit der Übung erreicht werden?), **Ort** (Welche räumlichen Voraussetzungen müssen gegeben sein?), **Sozialform** und das **Material**, das benötigt wird, aufgeführt.

Die Erläuterungen zur **Durchführung** wurden zur besseren Handhabung knapp gehalten.

Zusätzlich können sich noch **Hinweise** – wenn notwendig – oder eine **Variation** bzw. mehrere **Variationen** der Übungen finden.

Viele der Übungen eignen sich auch hervorragend zur **Wochenplanarbeit**.
Ob das der Fall ist, erkennen Sie leicht am Icon .

Einige Übungen wurden von uns selbst entwickelt, andere sind weitläufig bekannt, in der Literatur bereits häufig erwähnt und in vielen Variationen beschrieben. Hier war keine eindeutige Quellenangabe möglich.

Zum leichteren Wiederauffinden bestimmter Übungen sind im **Index** (S. 60) alle Übungen in alphabetischer Reihenfolge aufgelistet.

Ziel: Zahlvorstellung im Zahlenraum bis 5 festigen

Ort: Klassenraum mit größerer Freifläche oder Pausenhalle

Sozialform: Gruppenarbeit

Material: Musik

Durchführung:

Die Klasse wird in Gruppen von drei bis fünf Kindern eingeteilt. Die Gruppen gehen oder laufen zu der Musik als Zug durcheinander. Bei Musikstopp stellt sich das Kind, das als „Lokomotive" den Zug angeführt hat, vor die Gruppe. Das Kind überlegt sich eine Zahl zwischen 1 und 5 und führt eine Bewegung, z. B. Kniebeugen oder Hüpfen, entsprechend häufig aus. Die Gruppe zählt die Anzahl der Bewegung mit und führt dann ebenfalls die Bewegung entsprechend häufig aus. Für das nächste Laufen nach Musik wechselt die „Lokomotive" in den Gruppen.

Variation:

Die „Lokomotive" sagt eine Zahl zwischen 1 und 5. Jedes Gruppenmitglied hat nun die Aufgabe, mit entsprechend vielen Körperteilen den Boden zu berühren.

Beispiel:

bei 3: zwei Füße, eine Hand
oder
ein Fuß, zwei Hände

Ziel: Zahlvorstellung im Zahlenraum bis 10 festigen

Ort: Flur oder Schulhof

Sozialform: Einzelarbeit

Material: je 10 Murmeln oder Kieselsteine, Kreide oder Notizzettel

---

Durchführung:

Jedes Kind bekommt zehn Murmeln (Kieselsteine). Es wird eine Startlinie festgelegt, von der aus jedes Kind mit „Elefantenschritten" entsprechend einer genannten Zahl vorwärtsgehen soll, dabei zählt es die Schritte selbst mit. Am Zielpunkt legt es eine Murmel ab. Danach geht es zurück zur Startlinie. Nun wird eine neue Zahl genannt, die ebenfalls wieder abgeschritten wird. Nachdem mehrere Zahlen „erschritten" wurden (z. B. 9 – 5 – 7 – 2 – 4), sollen die Schüler mit Kreide oder auf kleinen Notizzetteln den Murmeln die richtigen Zahlen zuordnen. Mit „Elefantenschritten" können sie dies anschließend selbst nochmals kontrollieren.
Danach sollen verschiedene Größer-Kleiner-Beziehungen genannt werden.

Beispiel:

9 ist die größte Zahl, 2 ist die kleinste Zahl dieser Reihe;

5 ist kleiner als 7 und größer als 4

Ziel: Zahlvorstellung und Addition im Zahlenraum bis 20 festigen

Ort: Schulhof oder Sporthalle

Sozialform: Gruppenarbeit

Material: Würfel
Papier und Stift (für Variation)

Durchführung:

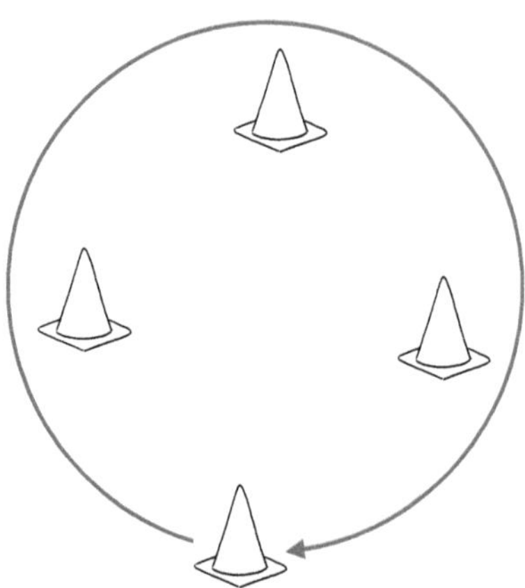

Auf dem Schulhof oder in der Sporthalle wird z. B. mit Pylonen eine Laufrunde markiert. Es werden Dreier- (max. Vierer-)Gruppen gebildet. Jede Gruppe bekommt einen Würfel. Dann erhält jede Gruppe einen Startplatz an der Laufrunde zugewiesen. Nun würfelt der Erste aus der Gruppe und die ganze Gruppe läuft eine entsprechende Anzahl Runden. Dann würfelt der Zweite usw.

Variation:

Jede Gruppe bekommt zusätzlich ein Blatt Papier und einen Stift. Die gewürfelten Zahlen werden vor dem Laufen auf einem Blatt notiert. Ab der zweiten notierten Zahl wird jeweils die sich ergebende Additionsaufgabe gelöst und auf dem Blatt notiert.

Beispiel:

2 + 5 = 7; 7 + 3 = 10.

Die Gruppe würfelt, rechnet und läuft solange, bis sie 20 erreicht oder überschritten hat.

Hinweise:

Das Blatt sollte mit Kästchen vorgeschrieben sein und das richtige Eintragen der gewürfelten Zahlen muss besprochen werden.

Je nach Klassengröße kann es auch sinnvoll sein, nicht eine gemeinsame Laufrunde zu markieren, sondern für jede Gruppe eine Strecke durch zwei Pylonen vorzugeben, die jeweils entsprechend der gewürfelten Zahl mit Hin- und Rückweg umlaufen werden muss.

Der Vergleich mehrerer ausgefüllter Blätter am Ende kann den Schülern verdeutlichen, dass eine Zahl unterschiedlich zerlegt werden kann.

Ziel: Zahlvorstellungen und Zahlbeziehungen einüben, Addition und Subtraktion festigen

Ort: Schulhof

Sozialform: Gruppenarbeit

Material: Kreide für Zahlenstrahl

Durchführung:

Es werden Vierer- bis Sechser-Gruppen gebildet. Auf dem Schulhof wird für jede Gruppe mit Kreide ein Zahlenstrahl für den Zahlenraum von 0–20 aufgemalt. Der Lehrer oder jeweils ein Schüler aus jeder Gruppe nennt eine Zahl, auf die sich ein Schüler mit Blickrichtung zur 20 stellt, z. B. 14. Nun schließt er die Augen und bekommt eine weitere Zahl genannt, z. B. 11. Der Schüler überlegt und sagt, ob er vorwärts oder rückwärts zu der genannten Zahl kommt. Anschließend macht er (mit offenen Augen) entsprechend viele Vorwärts- oder Rückwärtsschritte, die er bei jedem Schritt mitzählt (13, 12, 11). Durch die Körperposition und die entsprechende Bewegungsrichtung kann die Zahlbeziehung („Von 14 aus liegt die 11 ‚hinter' mir. Ich muss rückwärtsgehen.") verinnerlicht werden.

Variation:

Der Partner nennt von einer Zahl ausgehend eine Additions- oder Subtraktionsaufgabe. Das Kind auf dem Zahlenstrahl führt entsprechend viele Schritte vorwärts oder rückwärts aus.

Die Aufgaben eignen sich als Partneraufgabe gut für den Wochenplan.

5 Doppelt hopsen

Ziel: verdoppeln und halbieren, kleines und großes 1 × 1 festigen

Ort: Klassenraum, besser auf dem Flur oder Schulhof

Sozialform: Partnerarbeit

Material: –

Durchführung:

Zwei Schüler stehen sich gegenüber. Partner A hüpft mehrfach auf der Stelle hoch. Die Anzahl der Hüpfer muss gerade sein. Partner B hüpft dann entweder doppelt oder halb so oft.

Variation:

Partner A hüpft mehrfach und sagt anschließend z. B.
„mal 4/minus 6 …".
Partner B sagt oder hüpft das Ergebnis.

Achtung: Bei Multiplikationsaufgaben ist das Ergebnishüpfen weniger geeignet, da sehr große Zahlen entstehen können!

Beide Varianten sind auch als Wochenplanaufgabe geeignet. Dabei sollten die jeweiligen Aufgaben und Ergebnisse auf einem Blatt notiert werden.

Ziel: beliebige Rechenoperationen festigen

Ort: Sporthalle

Sozialform: Gruppenarbeit, Klassenunterricht

Material: Reifen, Kastenoberteil, Aufgabenkarten, die von den Kindern selbst hergestellt werden

---

Durchführung:

Die Kinder haben sich im Vorfeld selbst Aufgaben ausgedacht und diese auf Kärtchen geschrieben. Jede Gruppe denkt sich z. B. zehn Aufgaben aus, die jeweils in einem anderen vorher bestimmten Zahlenraum liegen (z. B. 1–10, 11–20, 21–30, 31–40). Die Aufgabenkarten der einzelnen Gruppen erhalten dabei unterschiedliche Farben, damit sie später besser überprüft werden können.

In der Mitte der Halle wird ein großes Kastenoberteil offen hingelegt und mit den umgedrehten Aufgabenkarten gefüllt. An allen Rändern der Halle werden Reifen ausgelegt die jeweils einen anderen Zahlenraum abdecken (z. B. 41–50).

Die Kinder sollen jetzt eine Aufgabenkarte ziehen, die Aufgabe lösen und die Karte in den entsprechenden Reifen bringen. Wenn eine Aufgabe nicht gelöst werden kann, darf das Kind eine andere Karte ziehen. Die Gruppen überprüfen später, ob ihre Karten in dem richtigen Reifen abgelegt wurden.

Ziel: Zahlen und geometrische Figuren erkennen und benennen
Ort: –/am Platz
Sozialform: Partnerarbeit
Material: Arbeitsblatt

Durchführung:

Paarweise werden jeweils Zahlen oder einfache geometrische Figuren auf den Rücken gezeichnet. Die Zahl oder Figur soll vom Partner:

- erkannt und benannt werden,
- auf Papier geschrieben bzw. gezeichnet werden,
- im Raum gesucht werden.

Die Aufgabe eignet sich als Partneraufgabe für die Wochenplanarbeit. Jeder Partner bekommt ein eigenes Arbeitsblatt, auf dem geometrische Figuren in bestimmter Reihenfolge gezeichnet sind. In dieser Reihenfolge werden die Formen auf den Rücken des Partners gezeichnet. Dieser zeichnet die Formen untereinander auf ein Blatt. Anhand der Reihenfolge auf dem Arbeits- und Lösungsblatt kann die Aufgabe von den Partnern selbstständig kontrolliert werden.

Ziel: sich im Raum orientieren, Lagebeziehungen erfassen

Ort: Sporthalle, Klassenraum

Sozialform: Klassenunterricht

Material: Kästen, Bänke, Reifen, Matten …, Laufmusik

Durchführung:

Die Regeln dieser Aufgabe orientieren sich an der Spielidee des bekannten Kinderspiels „Feuer, Wasser, Blitz“.

Die Kinder laufen nach Laufmusik durch die Halle. Bei Musikstopp ruft der Lehrer einen Ort, den sich alle Kinder in der Halle suchen.

Beispiele:

„Stellt euch auf eine Bank.“

„Stellt euch unter den Basketballkorb.“

„Stellt euch links neben mich.“

„Stellt euch in einen Reifen.“

Ziel: sich im Raum orientieren, Lagebeziehungen erfassen
Grundrechenarten festigen für Variationen

Ort: Sporthalle, Schulhof

Sozialform: Partnerarbeit

Material: Aufsteller oder Hütchen mit den Ziffern 0–9 (beliebig), die von mindestens zwei Seiten sichtbar sein sollten.

Durchführung:

In einem abgemessen Rechteck (in der Sporthalle z. B. das Basketballfeld) werden die Ziffernhütchen wahllos verteilt. Die Partner bekommen jeweils einen festen Platz an den Stirnseiten des Rechtecks. Von dort aus läuft der eine Partner eine Ziffernfolge ab. Der andere Partner schaut zu und versucht, sich die Folge zu merken und sie anschließend nachzulaufen. Die Schwierigkeit kann erhöht werden, indem zunehmend mehr Ziffern aneinandergehängt werden.

Variationen:

a) Die abgelaufenen Ziffern werden in mögliche Aufgabenstellungen gebracht.

b) Der erste Partner läuft die Ziffern ab, die dann vom anderen Partner mit einer vorher festgelegten Grundrechenart berechnet werden. Dieser läuft den Laufweg nach und nennt die Lösung.

c) Die Kinder denken sich im Vorfeld Aufgaben aus, die dann vom Partner erlaufen werden.

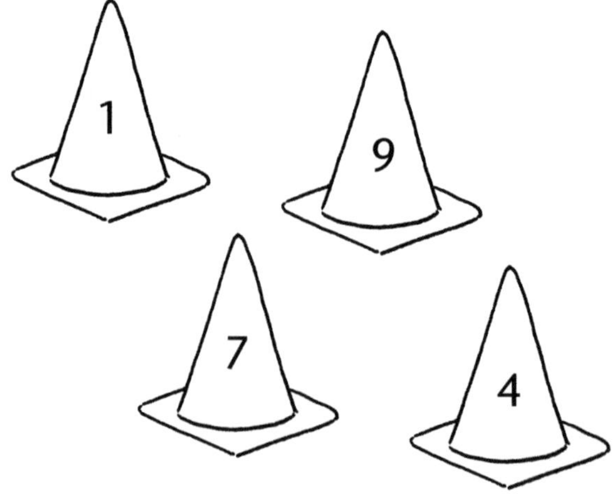

Ziel: einfache geometrische Formen mit dem Körper herstellen
Ort: Sporthalle oder Schulhof
Sozialform: Klassenunterricht
Material: evtl. Musik, Tamburin

Durchführung:

Die Schüler laufen durcheinander – in der Sporthalle kann dazu Musik laufen. Nach einem Signal – z. B. Musikstopp oder Klatschen – wird eine Zahl gerufen. Die Zahl steht für die Anzahl der Kinder, die sich zusammenfinden sollen. Anschließend wird eine einfache geometrische Form (Kreis, Quadrat, Rechteck, Dreieck) genannt, die von den Gruppen dargestellt werden soll. Durch verschieden große Gruppen (z. B. drei Kinder oder sieben Kinder) sind für die Darstellung immer wieder neue Überlegungen anzustellen, wie die Form gebildet werden kann. Die Formen sollten im Stehen mit Handfassung gebildet werden. Dadurch hat jedes Kind die Möglichkeit, die gesamte Form zu sehen.

Variation:

Auf dem Schulhof werden mit Kreide verschiedene Formen mehrfach aufgezeichnet. Die Kinder laufen durcheinander. Wenn der Lehrer eine Form, z. B. „Kreis", ruft, laufen die Kinder alle Kreise ab, die sie entdecken.

Hinweis:

Der Zusammenhang von Gruppengröße und geometrischer Form muss vom Lehrer bedacht werden. Bei „Quadrat" muss die Gruppengröße eine durch 4 teilbare Zahl sein, damit vier gleiche Seitenlängen entstehen können. Bei „Rechteck" muss eine gerade Zahl (mindestens 6) genannt werden.

Ziel: symmetrische Figuren herstellen

Ort: Klassenraum, Pausenhalle oder Schulhof

Sozialform: Partnerarbeit

Material: – (evtl. ein Spiegel)

Durchführung:

Die Schüler finden sich zu Paaren zusammen, die möglichst gleich groß sind. Als Vorbereitung bekommen die Paare die Aufgabe, sich mit etwas Abstand und mit dem Gesicht zueinander hinzustellen und sich vorzustellen, dass einer das Spiegelbild des anderen ist. Das „reale" Kind nimmt nun verschiedene Positionen ein (z. B. beide Arme nach oben gestreckt, beide Beine gegrätscht …), die das Spiegelbild nachahmt.

Im nächsten Schritt sollen die Schüler den gedachten Spiegel als Spiegelachse benutzen, in dem sie sich wiederum spiegelbildlich hinstellen und „durch den Spiegel" an Händen, Stirn, Bauch … berühren. Die Berührungspunkte bilden dabei die gedachte Spiegelachse.

Variation:

Nach dieser Vorbereitung sollen die Kinder sich gegenseitig aus einer gegenüberstehenden oder mit dem Rücken zueinander stehenden Position „abbilden". Dazu nimmt ein Kind eine Position ein, die der Partner unter Berührung an den Händen und evtl. Füßen übernimmt (s. o.). Danach „klappt" ein Partner durch eine 180°-Drehung das Bild auf, sodass die neue Figur nur noch auf einer Seite Berührungspunkte mit dem Partner hat.

Ziel: sich im Raum orientieren, Lagebeziehungen erfassen

Ort: Schulhof, Sporthalle

Sozialform: Partnerarbeit

Material: evtl. Tücher
Papier und Stift für Variationen c) und d)

Durchführung:

Es werden Paare gebildet. Einem Partner werden die Augen verbunden. Der andere Partner führt den „Blinden" durch den Raum, indem er hinter ihm stehend die Hände auf beide Schultern legt und durch Druckverstärkung die Bewegungsrichtung ändert. Drückt er z. B. auf die linke Schulter, sagt er außerdem „links" und der Partner wendet sich entsprechend nach links und geht in dieser Richtung weiter. Zieht der Partner an beiden Schultern und sagt „rückwärts", geht der „Blinde" rückwärts.

Variationen:

a) Der führende Partner gibt nur die Drucksignale und der blinde Partner nennt die entsprechende Richtung.

b) Wenn die Partner verantwortungsvoll miteinander umgehen, kann das Führen auch mit zunehmend weniger Berührung erfolgen. Der Führende tippt nur kurz auf eine Schulter, zieht an beiden Schultern (rückwärts) oder drückt gegen beide Schultern (vorwärts). Schließlich kann auch nur noch die Richtung gesagt werden.

c) Der Führende macht zunächst eine Wegskizze mit drei bis fünf Richtungsänderungen und führt dann den Partner nur durch Berühren auf einem entsprechenden Weg. Anschließend versucht der Geführte den Weg auf einem Blatt Papier nachzuzeichnen.

d) Wie c), aber der Partner führt den anderen auf gedachten geometrischen Figuren (Kreis, Rechteck, Dreieck ...).

Hinweis:

Das Schließen der Augen hat die Funktion, dass sich der „Blinde" besser auf sich und seine Bewegung im Raum konzentrieren kann. Anfangs kann es sinnvoll sein, die Augen nicht zu verbinden, sondern nur zu schließen.

Ziel: geometrische Formen mit Hilfsmitteln zeichnen

Ort: asphaltierter Schulhof

Sozialform: Partnerarbeit, Gruppenarbeit

Material: Kreide, Bindfaden
Sandsäckchen für Variation b)
Geodreieck für Variation c)

Durchführung:

Ein Kind bindet sich einen Bindfaden um einen Knöchel. Am anderen Ende ist ein Stück Kreide befestigt. Der Fuß mit dem Bindfaden wird auf einen markierten Punkt gestellt. Ein Partner führt nun den gespannten Bindfaden mit der Kreide einmal um das sich mitdrehende Kind. Ein kreisrunder Kreis entsteht nur, wenn das Standbein immer am selben Platz bleibt.

Variationen:

a) Der Bindfaden wird verkürzt oder verlängert und ein neuer Kreis wird gezeichnet. Die Genauigkeit des Kreiszeichnens kann kontrolliert werden, indem der Abstand der beiden Kreislinien an verschiedenen Stellen gemessen wird.

b) In gleicher Weise mehrere konzentrische Kreise zeichnen. Diese könnten anschließend als Zielscheibe für ein Zielwurfspiel mit Sandsäckchen genutzt werden.

c) Unter Zuhilfenahme eines großen Geodreiecks wird ein Quadrat aufgezeichnet. Die Gruppen sollen sich dann mit der Frage auseinandersetzen, ob mithilfe des Fadens und der Kreide auch konzentrische Quadrate gezeichnet werden können.

Vor allem die Variation c) eignet sich als Problemstellung für die Wochenplanarbeit, wenn die Aufgabe sowie Variation a) und b) vorher durchgeführt wurden.

Ziel: Größenvorstellungen entwickeln, Strecken ausmessen und vergleichen

Ort: Klassenraum, Flur, Schulgelände

Sozialform: Partnerarbeit, Gruppenarbeit, Klassenunterricht

Material: –

Durchführung:

In einem Unterrichtsgespräch werden zunächst geeignete Körper„maßbänder" überlegt und erprobt: Fußlänge, Unterarm, Körperlänge, Fingerbreite, Handbreite, Handspanne, Armspanne, Schrittlänge.

Verschiedene Längen, Breiten und Höhen des jeweils ausgewählten Raumes (Tisch, Schrank, Tür, von Tür zu Tür, Gebäudewand ...) werden mit verschiedenen Körpermaßen ausgemessen.

Zunächst werden dafür Paare oder Kleingruppen gebildet, die ein Blatt mit auszumessenden Längen bekommen (z. B. Tischlänge und -breite, Klassenraumlänge und -breite). Die Partner einigen sich, mit welchem Körpermaß sie die Strecken messen wollen. Anschließend wird jede Strecke von beiden/allen mit den gewählten Körpermaßen ausgemessen und die Ergebnisse auf dem Arbeitsblatt eingetragen.

Im folgenden Unterrichtsgespräch können mehrere Aspekte besprochen und reflektiert werden, z. B.:

- „Ist die ‚Fingerbreite' für das Messen der Raumlänge geeignet?"
  (Welche Maßeinheit eignet sich für welche Strecke?)
- „Was macht man, wenn man z. B. mit Fußlängen misst und am Ende keine ganze Fußlänge mehr übrig bleibt?"
  (Kombination verschiedener Maßeinheiten)
- „Habt ihr beim Messen immer dasselbe Ergebnis bekommen?"
  (Problematisierung der Genauigkeit des Messinstrumentes)
- Der Aspekt der Genauigkeit, der zunächst durch Partnervergleich reflektiert werden kann, kann auch beispielsweise anhand der Schrittlänge thematisiert werden: „Jeder misst 3×10 Schritte. – Kommt ihr immer an derselben Stelle an?"

Die Aufgaben eignen sich auch als Wochenplanaufgabe.

Ziel: Längenunterschiede erkennen, Längen einschätzen

Ort: Klassenraum, Flur oder Schulhof

Sozialform: Partnerarbeit

Material: Maßband (1 Meter) oder Meterstab

Durchführung:

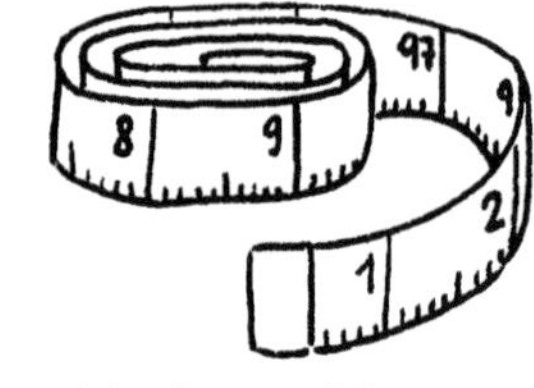

Die Schüler stehen paarweise an einem Meterband. Ein Partner steht mit einer Fußspitze an der Null-Zentimeter-Marke. Der andere Partner nennt eine Zentimeterzahl (in 10-cm-Schritten), z. B. 20 oder 60, die der Partner mit einem Schritt abmessen soll, sodass die zweite Fußspitze an der genannten Zentimetermarke steht. Dies wird mit verschiedenen Längen durchgeführt. Danach wird das Zentimetermaß zur Seite gelegt und der messende Partner macht einen Schritt und schätzt die Länge. Der Partner kontrolliert durch Messen mit dem Meterband.

Die Aufgabe eignet sich gut für die Wochenplanarbeit.

Ziel: Größenvorstellungen entwickeln, Längen erfahren, Zahlen interpretieren unter Anwendung der Struktur des Zehnersystems
Relationen von Zeit und Weg erfahren für Variation b)

Ort: im Gelände, Schulhof, Sportplatz

Sozialform: Gruppenarbeit, Klassenunterricht

Material: –
Fahrrad oder Roller für Variation b)

Durchführung:

Die Klasse schreitet eine bestimmte Strecke zu Fuß ab. Wenn im Unterricht ein neuer Zahlenraum eingeführt wird, gehen die Kinder 20, 100 oder 1 000 Schritte, um einen leiblichen Bezug zu dieser Länge zu erhalten.

Variationen:

a) Wenn neue Längeneinheiten eingeführt werden, gehen oder laufen die Kinder eine Strecke von x Metern. Danach wird die Länge der Strecke überblickt.

b) Die Strecke wird mit dem Roller oder mit einem Fahrrad abgefahren. Die unterschiedlichen Zeiten, die dafür notwendig sind, werden thematisiert.

Diese Aufgabe kann als Einzel- oder Gruppenaufgabe auch Bestandteil des Wochenplans sein.

Ziel: Zeitgefühl entwickeln

Ort: Klassenraum

Sozialform: Partnerarbeit, Kleingruppenarbeit

Material: Stoppuhren

Durchführung:

Die Schüler finden sich in Zweier- oder Vierergruppen zusammen. Nacheinander soll jedes Gruppenmitglied versuchen, so lange wie möglich auf einem Bein stehen zu bleiben (evtl. mit geschlossenen Augen) und die Zeit bis zum Aufsetzen des zweiten Fußes schätzen. Die Partner stoppen die Zeit. Anschließend werden die geschätzte und gestoppte Zeit verglichen. Die Aufgabe kann mehrfach wiederholt werden

Variation:

Die Gruppen überlegen gemeinsam andere Tätigkeiten, für die die benötigte Zeit geschätzt und gestoppt werden. Das können beispielsweise Alltagstätigkeiten oder Wegzeiten sein.

Beispiel:

einen Schuh zubinden, den Ranzen schließen und aufsetzen, ein Stück Kreide von der Tafel holen oder von der Klassenraumtür bis zur Außentür und zurück gehen.

Ziel: Zeitgefühl entwickeln
Ort: im Gelände, Schulhof, Sporthalle
Sozialform: Klassenunterricht
Material: Stoppuhr, evtl. Musik

Durchführung:

Die Schüler laufen eine festgelegte Zeit durcheinander. Sie halten dann an, wenn sie das Gefühl haben, dass die vorher festgelegte Zeit (z. B. eine Minute) um ist. Die Zeit wird dann zur individuellen Überprüfung vom Lehrer angesagt.

Variation:

Die Schüler laufen oder gehen kreuz und quer durcheinander. Dabei versuchen sie, nach einer bestimmten Schrittzahl pro Minute zu gehen. Dies kann durch entsprechende Musik unterstützt werden. Nach einer gewissen Übungszeit gibt der Lehrer die letzte Minute an. Jetzt gibt es keine Fremdunterstützung (z. B. Musik) mehr. Die Schüler zählen jetzt ihre Schrittanzahl und versuchen, diese vereinbarte Taktzahl (z. B. Hundert) zu gehen oder laufen. Der Lehrer gibt das Ende der Minute an.

Die Aufgaben eignen sich als Partneraufgaben gut für eine Wochenplanarbeit. Jeweils ein Partner läuft und ein Partner gibt die Zeiten an und stoppt mit einer Stoppuhr. Dabei wird dem laufenden Partner immer die Zeit angesagt, wenn er anhält. So versucht jedes Kind, ein Gefühl für Zeiten zu entwickeln.

Ziele: Gewichte schätzen, vergleichen, messen

Ort: Klassenraum

Sozialform: Partnerarbeit, Kleingruppenarbeit

Material: Personen-, Küchen-, Briefwaage

Durchführung:

Die Schüler heben jeweils mehrere gleiche Gegenstände (z. B. Ranzen, Trinkflaschen, Bücher) an und vergleichen deren Gewicht („Jonas Ranzen ist leichter als Annes, Annes Ranzen ist leichter als Lauras."). Anschließend wiegen sie die Gegenstände und überprüfen dadurch ihre Schätzung.

Variationen:

a) Die Schüler suchen verschiedene Gegenstände (z. B. Federmappe und Buch), deren Gewicht sie zunächst durch Anheben vergleichen und dann wiegen.

b) Die Schüler heben einen Gegenstand an und schätzen das Gewicht („Annes Ranzen wiegt mehr als zwei Kilo." „Das Heft wiegt weniger als 100 g.").

Die Aufgaben sind als Partneraufgabe gut für den Wochenplan geeignet.

Ziel: Größenvorstellungen entwickeln
Ort: Klassenraum, Schulhof
Sozialform: Gruppenarbeit
Material: Klebeband

Durchführung:

Die Kinder selbst sind die Grundlage für die Rechenwege und stellen die Einheit, in der gemessen wird, dar. Es wird berechnet, wie viele Kinder auf einer Fläche (z. B. dem Klassenraum, Flur, Schulhof oder dem Heimatort) stehen können. Dies wird zuerst von allen geschätzt. Da diese Aufgabe mit der Anzahl der Kinder in einer Klasse nicht praktisch ausprobiert werden kann, wird zuerst ein Quadrat (1 m × 1 m) mit Klebeband auf dem Boden aufgeklebt. Dann probieren die Kinder aus, wie viele Kinder in diesem Quadrat eng zusammen stehen können. Bevor gerechnet wird, kann auch hier die jeweilige Anzahl der Kinder geschätzt werden. Daraus ergibt sich die Rechnung für die größeren Flächen:

- Unser Klassenraum hat eine bestimmte Fläche.
  → Wie viele Kinder passen in den Raum hinein?
- Unsere Schule hat eine bestimmte Fläche.
  → Wie viele Kinder können auf dieser Fläche stehen?

Variation:

Es wird berechnet, wie groß die Fläche sein muss, auf der alle Schüler der Schule stehen können.

Ziel: Längen und Umfänge schätzen und messen, Addition und Multiplikation festigen, mit Kommazahlen rechnen, in unterschiedlichen Maßeinheiten rechnen, Einheiten umrechnen

Ort: Klassenraum, Schulgelände

Sozialform: Gruppenarbeit, Einzelarbeit

Material: Papier und Stift, Maßband

Durchführung:

Die Schüler messen bestimmte Umfänge oder Längen mit ihren Körpermaßen. Dazu zählen Maße wie die Arme, Füße, Körpergrößen usw. Dazu kann ein Exkurs zum üblichen Messen mit Körpermaßen den Anlass geben:

> Die **Elle** ist ein altes Längenmaß und misst eigentlich den Abstand zwischen Ellenbogen und Mittelfingerspitze. Sie wurde zu einer „genormten" Einheit, die besonders unter Schneidern verbreitet war. Die Länge einer ***„Elle"*** konnte von Markt zu Markt und Ort zu Ort variieren. So maß die Braunschweiger Elle 57,07 cm, die „kleine" Erfurter Elle 40,38 cm und die Münchener Elle 79,90 cm. Wegen der Einheit sagt man auch *ellenlang,* wenn man etwas sehr lang findet.
> Das **Klafter** ist eine alte Längeneinheit, die von vielen Völkern verwendet wurde. Das Klafter ist definiert als das Maß zwischen den ausgestreckten Armen eines erwachsenen Mannes, traditionell 6 Fuß, also etwa 1,80 m.

In den im Exkurs aufgeführten Leibeinheiten werden nun von den Kindern Längen oder Umfänge erst geschätzt und dann ausgemessen:

- In Fuß wird die Länge des Raumes geschätzt und ausgemessen. Wie viel Fuß ist der Raum lang?
- Welchen Umfang hat die Litfaßsäule/der Baum, gemessen in Ellen oder Klaftern?

Am Ende können diese Längenmaße in die heutigen Einheiten in cm und m umgerechnet werden oder mit einem Längenmaß in m nachgemessen werden.

Die Aufgabe eignet sich als Einzelaufgabe oder Partneraufgabe auch im Rahmen des Wochenplanes.

Ziel: Mengen erfassen und vergleichen

Ort: Schulhof oder Naturgelände

Sozialform: Einzelarbeit, Partnerarbeit

Material: verschiedene Naturmaterialien

Durchführung:

Jedes Kind bekommt die Aufgabe, eine bestimmte Anzahl (z. B. fünf, entsprechend der Finger einer Hand) gleicher Materialien, wie Blätter, Kieselsteinchen, Grashalme, Kastanien ..., zu sammeln und geordnet oder ungeordnet an einem Platz auszulegen.

Variation:

Jedes Kind fügt bei einem ungeordneten Material-Haufen ein weiteres Teil hinzu. Die Aufgabe des Partners ist es, den größeren Haufen zu erkennen.

Ziel: Addition und Subtraktion im Zahlenraum bis 10 festigen
Ort: Schulhof oder Pausenhalle
Sozialform: Klassenunterricht
Material: –

Durchführung:

Die Klasse wird in vier gleichgroße Gruppen („Rechenwürmer“) aufgeteilt, die sich in Kreuzform mit Blick zur Mitte aufstellen. Der Lehrer stellt nun eine Additions- oder Subtraktionsaufgabe (z. B. 4 + 2 oder 9 – 3), die von den Rechenwurmköpfen gerechnet werden muss. Der Rechenwurmkopf, der als erster das richtige Ergebnis nennt, stellt sich an das Ende der eigenen Gruppe. Die übrigen drei „Köpfe“ werden von diesem Rechenwurm geschluckt und stellen sich ebenfalls hinten an diese Gruppe. Das Spiel ist zu Ende, wenn ein Rechenwurm alle übrigen geschluckt hat.

Ziel: Zahlvorstellungen verbessern, mit natürliche Zahlen umgehen

Ort: Klassenraum mit größerer freier Fläche
Bewegungsraum, Sporthalle oder Außengelände für Variation

Sozialform: Klassenunterricht

Material: Laufmusik, Zahlenkärtchen

Durchführung:

Es gibt so viele Zahlenkärtchen, wie es die Klassenstärke zulässt. Jedes Kind erhält ein Zahlenkärtchen. Es wird nach Musik im Klassenraum kreuz und quer im Klassenraum herumgelaufen. Wenn die Musik stoppt, ruft der Lehrer oder ein Schüler eine Zahl (6). Das Kind mit dieser Zahl stellt sich an die Stelle im Klassenraum, an der etwas mehr Platz geschaffen wurde. Jetzt werden jeweils Vorgänger (5 usw.) und Nachfolger (7 usw.) gesucht. Diese stellen sich dann nacheinander zu dem ersten Kind dazu. Dadurch entsteht eine Reihe der natürlichen Zahlen. In der nächsten Runde werden die Zahlenkärtchen getauscht.

Variation:

Das Spiel kann auch in einem Bewegungsraum, in der Sporthalle oder auf dem Außengelände durchgeführt werden.

Ziel: Mengen erfassen und darstellen
Zehnerergänzung beherrschen für Variation b)
Addition und Subtraktion festigen für Variation c)

Ort: Klassenraum – am Platz

Sozialform: Partnerarbeit

Material: –

Durchführung:

Die Kinder setzen sich zu zweit gegenüber an einen Tisch. Ein Partner stellt mit seinen Fingern eine Zahl von 1 bis 10 dar, lässt die Finger kurz auf dem Tisch liegen und nimmt sie dann wieder herunter. Das andere Kind muss diese Zahl schnell erfassen und laut nennen. Wenn das Resultat stimmt, erfolgt der Wechsel. Dabei ist es am Anfang wichtig, auf die Fünfer-Bündelung (Finger) zu achten. So sollten zuerst immer alle Finger einer Hand genutzt werden. Erst wenn die Kinder diese Form beherrschen, kann das Rechnen auch abweichend (siehe Variationen) erfolgen.

Variationen:

a) Der Partner muss angeben, ob es sich um eine gerade oder ungerade Zahl handelt.

b) Der erste Partner lässt die Finger auf dem Tisch liegen und das zweite Kind ergänzt mit seinen Fingern die Zahl bis 10.

c) Der zweite Partner verdoppelt oder halbiert die gelegte Zahl mit seinen Fingern.

d) Es gibt keine festen Partner. Alle Kinder gehen kreuz und quer durch die Klasse und zeigen jeweils einem entgegenkommenden Kind eine Zahl mit den Händen. Die Aufgaben können variieren, wie oben angegeben.

e) Die Zahlen werden nicht gelegt oder gehalten, sondern über Bewegungsformen dargestellt. Sie werden geklatscht, gestampft oder gehüpft. Die Kinder können sich Bewegungsformen selbst aussuchen

f) Die Zahlen werden nicht mit den Fingern, sondern mit Gegenständen wie z. B. Buntstiften oder Wäscheklammern gelegt. Dadurch kann auch der Zahlenraum erweitert werden.

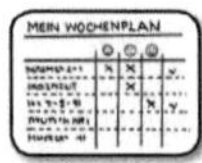

Das Fingerspiel kann als Partneraufgabe sehr gut Bestandteil des Wochenplanes sein.

Ziel: alle Grundrechenarten festigen

Ort: Klassenraum – am Platz

Sozialform: Klassenunterricht

Material: –

Durchführung:

Es werden Aufgaben gestellt. Das Ergebnis wird von allen gleichzeitig durch eine vereinbarte Bewegungsform dargestellt (hüpfen, um den Stuhl laufen etc.). Die Aufgaben werden von den Kindern selbst gestellt.

Variation:

Auch die Aufgaben werden durch die Bewegungsformen dargestellt. Es gibt vereinbarte Zeichen für die Rechenarten.

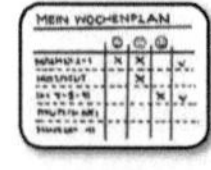

Diese Aufgaben können paarweise auch als Wochenplanaufgaben durchgeführt werden. Dazu müssen die bewegt dargestellten Aufgaben mit den Ergebnissen schriftlich notiert werden.

Ziel: Mengen erfassen
Grundrechenarten festigen für die Varianten a), b) und c)

Ort: Klassenraum

Sozialform: Klassenunterricht

Material: –

Durchführung:

Zwei Kinder (Spieler) gehen vor die Tür. Jetzt einigen sich die restlichen Schüler paarweise auf eine Zahl und verteilen sich im Klassenzimmer. Dann werden die beiden Spieler wieder hereingeholt. Es gelten die bekannten Memory®-Regeln. Um die Paare zu finden, müssen die Spieler immer zwei Kinder nacheinander an der Schulter berühren. Diese klatschen dann ihre Zahl. Sollte das Paar stimmen, setzen sich beide Partner hin. Der Spieler, der begonnen hat, darf weiterspielen. Sollte es sich nicht um ein passendes Paar handeln, geht das Klatschmemory® mit dem anderen Spieler weiter.

Variationen:

a) Es werden vorher bestimmte Bewegungsformen bestimmt, die die Rechenarten darstellen. Zum Beispiel gilt: stampfen mit dem rechten Fuß = addieren, stampfen mit dem linken Fuß = subtrahieren. So können die Zahlen als Aufgabe dargestellt werden: Sieben Mal klatschen – stampfen mit dem linken Fuß – zwei Mal klatschen ergibt fünf. Der Spieler, der die Zahl und den dazugehörigen Partner errät, muss die Zahl dann laut sagen.

b) Ein Partner stellt die Aufgabe dar und der andere Partner das Ergebnis.

c) Das Bewegungsmemory® wird um Multiplikation und Division ergänzt und kann dann auch mit höheren Klassenstufen durchgeführt werden.

d) Die Schüler entscheiden selbst über die Bewegungsformen.

Ziel: Zahlen zerlegen

Ort: Klassenraum mit Platz für einen Sitzkreis

Sozialform: Klassenunterricht, Gruppenarbeit

Material: 2 Reifen
3–4 Reifen für Variation

Durchführung:

Die Klasse bildet einen Sitzkreis. In der Mitte liegen zwei Reifen. Der Lehrer bestimmt zunächst Gruppen von sechs, acht oder zehn Schülern, die sich nacheinander auf die beiden Reifen gleichmäßig verteilen sollen. Für eine weitere Aufgabe wird die Klasse in mehrere – möglichst gleichgroße Gruppen (Fünfergruppen, Sechsergruppen, Siebenergruppen …) – eingeteilt. Die erste Gruppe verteilt sich auf die zwei Reifen. Die Aufgabe für die weiteren Gruppen besteht darin, eine andere, bisher noch nicht vorgenommen Aufteilung zu finden. Die verschiedenen Aufteilungen werden an der Tafel notiert und können anschließend nochmals reflektierend bewusst gemacht werden.

Variation:

Die Zahl der Reifen wird erhöht auf drei oder vier. Welche Aufteilungen sind bei verschiedenen Gruppengrößen möglich?

Als Wochenplanaufgabe kann nach gleichem Prinzip das Zerlegen von Materialien durchgeführt werden. Dafür sollen die Schüler sich zunächst zehn Teile eines Materials (z. B. Kieselsteine, Tannenzapfen oder auch Rechenplättchen) besorgen. Wenn das Material im Klassenraum vorhanden ist, enthält diese Aufgabe allerdings wenig Bewegung.

Ziel: Zahlvorstellungen verbessern, Mengen erfassen und darstellen Operationen verstehen und beherrschen für Variation a)

Ort: Klassenraum mit größerem Freiraum, auch Bewegungsraum, Sporthalle oder Außengelände

Sozialform: Klassenunterricht

Material: Laufmusik, Blätter mit Zahlen
Würfel für Variation b)
Instrumente (z. B. Tamburin oder Glock) für Variation c)
Teppichfliesen, kleine Kästen o. Ä. für Variation d)

Durchführung:

Die Kinder laufen oder gehen im Klassenraum durcheinander. Musik kann den Spielverlauf steuern. Auf ein Zeichen (z. B. Musikstopp) zeigt der Lehrer oder später auch ein Schüler eine Zahl auf einem Blatt Papier an. Daraufhin finden sich genauso viele Kinder zusammen und bilden einen Eisenbahnzug, indem sie die Hände auf die Schultern des Vordermannes legen. Falls Schüler übrig bleiben, könnten diese anstelle des Lehrers die nächste Zahl angeben.

Variationen:

a) Die Zahlen ergeben sich erst aus Additions- oder Subtraktionsaufgaben.

b) Würfelzahlbilder werden erwürfelt und stellen die Gruppenanzahl dar.

c) Die Aufgabe oder Zahl wird akustisch vermittelt. Dafür eignen sich Instrumente wie das Tamburin, es kann geklatscht werden oder mit der Glocke gebimmelt werden.

d) In der Sporthalle können Inseln z. B. mit Teppichfliesen (Rettungsinseln) oder kleinen Kästen gelegt werden, auf denen sich die Kinder treffen.

30 Rechnen auf dem Rücken

Kl. 1–4

Ziel. alle Grundrechenarten festigen

Ort: Klassenraum – am Platz

Sozialform: Partnerarbeit, Gruppenarbeit (Dreiergruppe)

Material: –

Durchführung:

In der einfachsten Form finden sich Paare zusammen. Ein Partner legt sich mit dem Kopf auf den Tisch, der andere Partner schreibt eine Rechenaufgabe (z. B. 3 + 2) auf den Rücken. Der Partner nennt die Aufgabe und das Ergebnis.

Als Dreier-Gruppenarbeit nennt der „erspürende" Partner nur das Ergebnis und der dritte Partner, der den Schreiber nicht beobachten darf, formuliert zu dem Ergebnis eine mögliche Rechenaufgabe (z. B. 17 = 10 + 7 oder 9 + 8 oder 20 – 3 usw.).

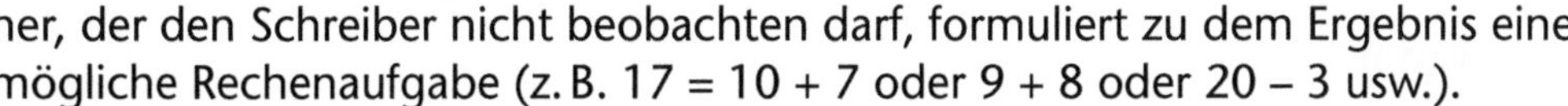

Die Aufgabe eignet sich als Partneraufgabe für die Wochenplanarbeit. Jeder Partner bekommt ein eigenes Aufgabenblatt, auf dem sich Rechenaufgaben und Ergebnisse befinden, z. B.: **22 · 4** = 88 oder **88** = 4 · 22/2 · 44/8 · 11.
Die jeweils fettgeschriebene/n Zahl/en wird/werden auf den Rücken des Partners geschrieben und die anzuwendende Rechenoperation (z. B. Multiplikation) dazu gesagt. Der spürende Partner rechnet entweder und nennt das Ergebnis oder formuliert eine passende Rechenaufgabe zu dem Ergebnis.

Ziel: alle Grundrechenarten festigen

Ort: Klassenraum, besser Schulhof oder Sporthalle

Sozialform: Einzelarbeit

Material: –

Durchführung:

Eine Zielzahl (z. B. 10, 21, 125 ...) wird vereinbart. Alle Kinder laufen mit geschlossenen Augen auf der Stelle. Der Lehrer stellt dabei Rechenaufgaben (z. B. $2 + 2$, $6 + 4$, $18 - 11$, $15 - 5$, $3 \cdot 6$, $3 \cdot 7$ ...). Immer, wenn das Ergebnis der gestellten Aufgabe die vereinbarte Zielzahl ist, bleibt man wie versteinert stehen. Auf dem Schulhof kann auch mit offenen Augen in einem begrenzten Raum gelaufen werden, allerdings ist dann nicht sicher, ob wirklich alle rechnen oder sich nur den Mitschülern anpassen.

Variationen:

a) Es wird eine Zahl vereinbart (z. B. 5). Alle joggen durcheinander. Der Lehrer ruft eine Zahl. Ist diese durch die vereinbarte Zahl teilbar, drehen sich alle mehrmals auf der Stelle, bevor sie weiterjoggen.

b) Es werden zwei Zahlen, z. B. 4 und 5, vereinbart. Wird nun beispielsweise die Zahl 16 gerufen, ist sie durch 4 teilbar und alle drehen sich. Ist jedoch eine Zahl, z. B. 20, durch beide Zahlen teilbar, bleiben alle stehen.

Als Partneraufgabe ist dieses Spiel gut für die Wochenplanarbeit geeignet. Jeder Partner bekommt ein eigenes Arbeitsblatt mit Rechenaufgaben oder Zahlen, die dem joggenden Partner zugerufen werden.

Beispiel:

Vorgegebene Zahl: 25

Aufgaben: $30 - 4$, $4 \cdot 5$, $22 + 2$, $13 + 12$ ...

Richtige Lösungen werden fett gedruckt, sodass sich die Partner selbstständig korrigieren können.

Ziel: alle Grundrechenarten festigen

Ort: Schulhof oder Sporthalle

Sozialform: Klassenunterricht

Material: –

Durchführung:

Es handelt sich bei dem Spiel um ein klassisches Fangspiel, abgewandelt zum Rechenfangen mit Aufgaben. Es werden je nach Klassenstärke zwei bis vier Kinder bestimmt, die auf einem großen Spielfeld als Fänger fungieren. Alle anderen Kinder haben eine Aufgabenkarte in der Hand, auf der je nach Schwierigkeitsgrad Aufgaben (Multiplikation, Subtraktion usw.) notiert sind. Am sinnvollsten ist es, wenn eine Zahl unter 10 die Lösung ist. Wenn jetzt ein Kind abgeschlagen wurde, kann es befreit werden, indem der Befreier erst die Aufgabe löst und dann je nach Lösung x-mal um das Kind läuft. Danach ist es befreit. Die Regel, dass kein Kind in dieser Zeit erneut abgeschlagen werden darf (keine „Totenwache"), muss befolgt werden. Je nach Fängeranzahl kann der Lehrer (auch mit den Schülern gemeinsam) das Ende des Spiels herauszögern. Je mehr Fänger auf dem Spielfeld sind, desto schneller ist das Spiel beendet. Es sollten aber mindestens zwei Fänger bestimmt werden.

Variation:

Es wird nicht um das Kind herumgelaufen, sondern eine andere Art der Befreiung gewählt: durch die Beine krabbeln, Bockspringen, in die Hände klatschen.

Ziel: mit mehreren Summanden im Zahlenraum bis 100 addieren und schätzen

Ort: Schulhof

Sozialform: Partnerarbeit

Material: Kreide, Papier und Stift, Plastikgetränkeflaschen

Durchführung:

Jeweils zwei Paare zeichnen mit Kreide einen Kreis auf. Dieser soll von den Kindern zuerst in mehrere (mindestens sechs bis acht) „Tortenstücke" eingeteilt werden. In jedes Tortenstück wird dann eine beliebige Zahl zwischen 1 und 20 geschrieben.

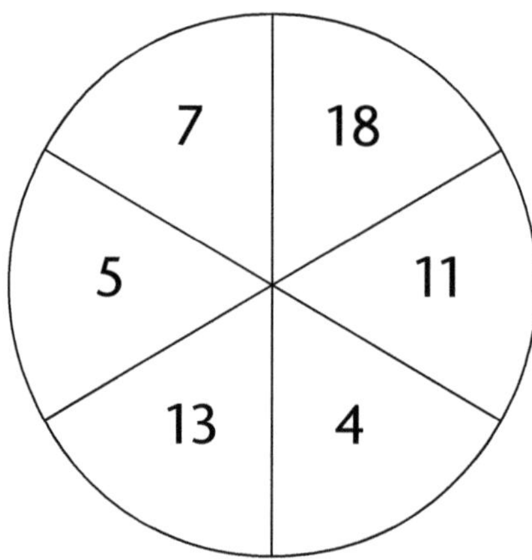

Nun dreht der erste Partner des ersten Paares auf dem Mittelpunkt des Kreises eine Flasche. Die gedrehte Zahl wird auf einem Blatt Papier notiert während das andere Paar dreht. Nach zehnmal Drehen errechnen beide Paare ihre Summe.

Variationen:

a) Nach dem Errechnen der Zwischensumme schätzt jedes Paar, wie oft es noch drehen muss, bis es 100 erreicht hat. Entsprechend häufig darf dann zunächst das eine, dann das andere Paar drehen. Das Paar, das am knappsten die 100 überschritten hat, hat gewonnen, weil es Glück hatte und/oder gut überschlagen hat.

b) Von der Ausgangszahl 100 werden die gedrehten Zahlen subtrahiert.

Ziel: die kleinen 1x1-Reihen festigen

Ort: Schulhof

Sozialform: Gruppenarbeit

Material: Kreide, Kontrollblatt mit allen 1x1-Reihen

Durchführung:

Es werden Dreier- bis Fünfergruppen gebildet. Jede Gruppe malt ein Hinkekästchen aus zehn hintereinander gezeichneten Kästchen mit Kreide auf den Schulhof. In die Kästchen werden die Zahlen von 1 bis 10 geschrieben. Nacheinander hüpft jedes Gruppenmitglied einmal eine 1×1-Reihe, die es sich selbst auswählt, und sagt in jedem Kästchen das Ergebnis (z. B. $1 \cdot 5 = 5$; $2 \cdot 5 = 10$ usw.). Sollte es irgendwo Uneinigkeit über ein Ergebnis geben, kann auf einem Kontrollblatt mit allen 1×1-Reihen von der Gruppe kontrolliert werden.

Variationen:

a) Das hüpfende Kind wählt selbst eine 1×1-Reihe aus. Die Gruppenmitglieder sprechen jeweils das Multiplikationsergebnis im Chor mit.

b) Das hüpfende Kind wählt wieder eine 1×1-Reihe aus, hüpft aber in beliebiger Reihenfolge von einem Kästchen zum anderen (z. B. von der 2 zur 4, zurück zur 3, vor zur 5 usw.). Die anderen Gruppenmitglieder sagen jeweils wieder im Chor das Ergebnis.

Ziel: die kleinen 1×1-Reihen festigen

Ort: Klassenraum mit Freiräumen für größere Gruppen von Kindern
Bewegungsraum, Sporthalle oder Außengelände für Variation b)

Sozialform: Klassenunterricht

Material: Laufmusik, Zahlenkärtchen

Durchführung:

Jedes Kind bekommt ein Zahlenkärtchen. Da die Anzahl der Kinder im Klassenverband für den gesamten Zahlenraum nicht ausreicht, sucht sich der Lehrer einige Zahlen verschiedener 1×1-Reihen heraus. Die Kinder laufen nun nach Laufmusik durcheinander. Wenn die Musik stoppt, hält der Lehrer die kleinste oder die größte Zahl der Reihe in die Höhe. Daraufhin formieren sich die Schüler, die zu dieser Reihe gehören, an einer Stelle im Klassenzimmer zu der entsprechenden Reihe, während alle anderen zu einem anderen Platz laufen. Da immer einige Zahlen aus der Reihe fehlen werden, muss die Kindergruppe, die nicht zu der ausgewählten Reihe gehört, die fehlende Zahlen nach gemeinsamer Absprache im Team nennen.

Variationen:

a) Jedes Kind bekommt mehrere Zahlenkärtchen ausgeteilt. Dadurch können die Reihen vollständig dargestellt werden und es werden mehrere Reihen gleichzeitig möglich. Dann wird beispielsweise nicht die größte oder kleinste Zahl, sondern eine beliebige Zahl gezeigt. Dabei können mehrere Reihen von den Kindern gebildet werden.

   Beispiel:

   35 = 5 × 7, dann werden die 5er- und die 7er-Reihe gebildet.

   Reizvoll kann z. B. auch die Zahl 24 sein, dabei entstehen vier Reihen: 3 × 8 und 4 × 6 = 3er, 4er-, 6er- und 8er-Reihe.

b) Das Spiel kann auch in einem Bewegungsraum, in der Sporthalle oder auf dem Außengelände durchgeführt werden.

Ziele: Zahlbereich verstehen

Ort: Stuhlkreis im Klassenraum

Sozialform: Klassenunterricht

Material: Zahlenkarten und Aufgabenkarten

Durchführung:

Jeder Schüler zieht eine Zahlenkarte und setzt sich in den Stuhlkreis, in dem ein Stuhl fehlt. Das Kind, das keinen Platz gefunden hat, bleibt in der Mitte stehen und zieht eine Aufgabenkarte, auf der steht, welche Kinder die Plätze wechseln sollen.

Beispiel:

alle Zahlen kleiner als 5, alle ungeraden Zahlen …

Beim Platzwechsel versucht das Kind in der Mitte, selbst einen Platz zu bekommen.

Variation:

Jeder Schüler überlegt und notiert sich zwei Rechenaufgaben, deren Ergebnisse sich in dem Zahlbereich befinden, der den ausgegebenen Zahlenkarten entspricht.

Beispiel:

Zahlbereich: 1–25

→ 15 + 4 und 39 – 15.

Der Schüler, der in der Mitte ist, stellt seine beiden Aufgaben und versucht dann, einen der beiden Plätze zu erhaschen.

37 Taschenrechner

Ziel: alle Grundrechenarten festigen

Ort: Schulhof

Sozialform: Klassenunterricht, Gruppenarbeit

Material: Kreide, Papier und Stift

Durchführung:

Auf dem Schulhof wird mit Kreide ein großer Doppelkreis, der in vierzehn Felder unterteilt wird, aufgezeichnet. In den Feldern stehen die Zahlen 0–9 und die Rechenzeichen (+, –, · und :).

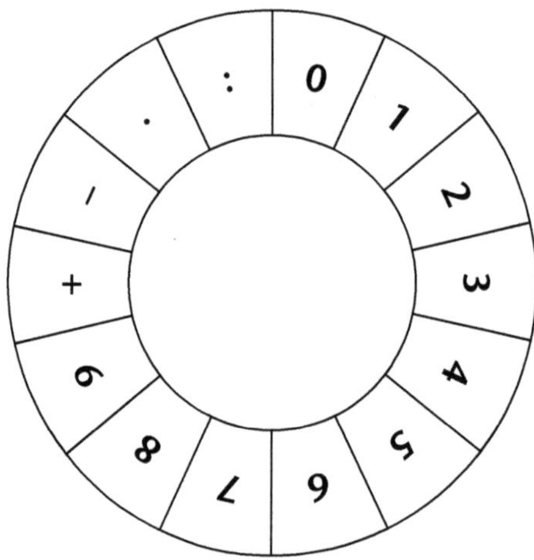

Die Klasse wird in fünf bis sechs Gruppen geteilt. Jede Gruppe überlegt sich eine der Gruppengröße entsprechende Anzahl Aufgaben, notiert sie auf einem Blatt Papier und rechnet die Ergebnisse aus. Nacheinander hüpft nun aus jeder Gruppe ein Schüler eine Aufgabe (immer aus der Kreismitte beginnend). Die Schüler der anderen Gruppen notieren jeweils die gehüpfte Aufgabe und beraten sich über das Ergebnis, das ebenfalls notiert wird. Am Ende werden alle Aufgaben und Ergebnisse verglichen.

Partnerweise ist diese Aufgabe auch als Wochenplanaufgabe geeignet.

Ziel: die (kleinen) 1×1-Reihen festigen

Ort: Klassenraum – am Platz

Sozialform: Klassenunterricht

Material: –

Durchführung:

Eine Zahlenreihe wird vom Lehrer oder von einem Schüler bestimmt. Alle Schüler zählen von 1 ab im Chor. Dabei stehen die Kinder an ihrem Platz. Immer dann wenn eine Zahl der Reihe ausgesprochen wird, müssen sich die Schüler alle kurz hinsetzen und so lange verharren, bis alle Kinder sitzen. Dann stehen sie wieder auf und es geht weiter im Chor.

Variationen:

a) Die Kinder sitzen zu Beginn und stehen entsprechend auf. Dann bleiben sie stehen und setzen sich bei der nächsten Zahl der Reihe auf ihren Stuhl.

b) Es werden zwei 1×1-Reihen ausgewählt. Wenn eine Zahl der einen Reihe gesprochen wird, stellen sich die Schüler auf ihren Stuhl, bei Zahlen der anderen Reihe setzen sie sich. Sollten sich die Reihen überschneiden, werden beide Bewegungsformen nacheinander ausgeführt. Es können zusätzliche Reihen und Bewegungsformen integriert werden.

c) Die Schüler bleiben dabei nicht am Platz, sondern gehen im Schrittrhythmus zu den gesprochenen Zahlen im Raum. Wenn eine Zahl der verabredeten Reihe kommt, springen alle in die Höhe. Die Bewegungsformen können wiederum variieren.

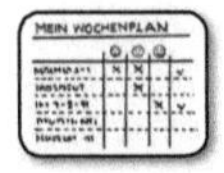

Insbesondere Variation c) eignet sich gut als Partneraufgabe für die Wochenplanarbeit. Ein Partner hat dafür ein Arbeitsblatt mit allen 1×1-Reihen zum Kontrollieren. Der andere Partner bewegt sich wie beschrieben.

Ziel: alle Grundrechenarten festigen, Stellenwertsystem einüben

Ort: Klassenraum – am Platz

Sozialform: Klassenunterricht

Material: Zahlenkärtchen

Durchführung:

Die Kinder bilden Gruppen. In jeder Gruppe werden Zahlenkärtchen von 0–9 verteilt. Dabei können Kinder auch mehr als ein Zahlenkärtchen erhalten. Es werden eine Rechenart oder mehrere Grundrechenarten festgelegt. Jede Gruppe überlegt sich fünf Aufgaben zu diesen Grundrechenarten mit Lösungen im gewählten Zahlenraum. Dann werden die Aufgaben von den einzelnen Gruppen nacheinander gestellt. Die anderen Gruppen rechnen die Aufgabe im Team aus und stellen sich mit ihren umgedrehten Kärtchen entsprechend auf. Wenn alle Gruppen aufgereiht stehen, drehen die Kinder ihre Karten um und vergleichen die Lösungen. Bei unterschiedlichen Lösungen zeigt die „Urhebergruppe" die richtige Lösung. (Der Lehrer überprüft, während alle Gruppen rechnen und sich aufstellen.)

Variation:

Das Stellenwertsystem wird nicht mit Kärtchen, sondern mit unterschiedlichen Bewegungsformen dargestellt. Die Hunderter werden z. B. gestampft, die Zehner gehüpft und die Einer geklatscht. Entweder stampfen, hüpfen und klatschen alle Gruppen gemeinsam oder eine Gruppe wird ausgewählt und zeigt die Lösung den anderen Gruppen vor, die dann nur noch vergleichen.

Ziel: Subtraktion und Addition festigen

Ort: Schulhof, Flur, Sporthalle

Sozialform: Kleingruppenarbeit

Material: 9 Klopapier- oder Küchenpapierrollen, die als Kegel dienen und mit Ziffern (1–9) beschriftet sind, je Gruppe 1 kleiner Ball, Papier und Stift

---

Durchführung:

Es wird eine Startzahl bekannt gegeben (z. B. 68). Jede Gruppe notiert die Startzahl auf einem eigenen Zettel. Dann kegelt der Reihe nach jeweils einer aus jeder Gruppe einmal. Die Zahlen der umgeworfenen Kegel (Rollen) werden auf dem eigenen Blatt notiert und dann von der Startzahl subtrahiert. Welche Gruppe erreicht zuerst Null?

Variation:

Es wird eine Zielzahl (z. B. 50) festgelegt. Die Zahlen der umgefallenen Kegel werden addiert. Welche Gruppe erreicht zuerst die Zielzahl?

Die Aufgaben eignen sich sehr gut als Wochenplanaufgabe. Dabei könnten die Aufgaben jeweils mit bzw. gegen einen Partner bearbeitet werden. Der Vorteil der Wochenplanarbeit ist, dass für die Schüler wesentlich mehr Bewegung möglich ist.

Ziel: sicher im Stellenwertsystem operieren
Ort: Klassenraum, Gruppenraum, Flur
Sozialform: Partnerarbeit
Material: Papier und Stift, ggf. Arbeitsblatt für Wochenplan

Durchführung:

Den einzelnen Stellenwerten werden gemeinsam mit den Schülern bestimmte Bewegungen zugeordnet, z. B.:

Kniebeuge = Hunderter; Hüpfen = Zehner; Armkreisen = Einer

Ein Kind (A) überlegt sich eine Zahl, notiert sie auf einem Blatt und führt sie dem Partner (B) durch entsprechende Bewegungen vor (z. B.: 325 = 3× Kniebeuge, 2× hüpfen, 5× Armkreisen). Dieser versucht, die Zahl zu erkennen, und notiert sie auf einem eigenen Blatt Papier. Anschließend wird gewechselt und Partner B führt seine ausgedachte Zahl vor und Partner A notiert sie. Nach mehreren Durchgängen werden die Zettel verglichen und festgestellt, ob alle Zahlen richtig erkannt wurden.

Variationen:

a) Der beobachtende Partner notiert die Zahl nicht, sondern wiederholt sie seinerseits durch die entsprechenden Bewegungen.
b) Die Bewegungen werden in beliebiger Reihenfolge der Stellenwerte (z. B. Zehner, Hunderter, Einer) durchgeführt.
c) Die Stellenwerte werden in beliebiger Reihenfolge und zerlegt vorgeführt (z. B. 1 Zehner, 1 Hunderter, 1 Zehner, 5 Einer, 1 Hunderter) und müssen vom Beobachter addiert werden.
d) Der Partner muss die Zahl bis zum nächsten Hunderter mit Bewegung ergänzen (z. B. 325 + 75, also 7× Hüpfen, 5× Armkreisen)
e) Eine vorgegebene Zahl, z. B. 400, wird zerlegt. Partner A stellt beispielsweise die Zahl 160 dar, Partner B muss entsprechend 240 ergänzen.
f) Anstelle der obigen Bewegungen werden den Stellenwerten Geräusche zugeordnet (z. B. Stampfen = Hunderter, Klatschen = Zehner, Schnipsen = Einer). Der Partner schließt die Augen und versucht, die Zahl zu hören. Die Variationen a)–d) können entsprechend umgesetzt werden.

Ziel: im Zahlenraum orientieren, Stellenwertsystem festigen, Zahlen vergleichen, Reihenfolgen festlegen
addieren, multiplizieren für Variation e)

Ort: Schulhof oder Klassenraum (alle Stühle aus dem Weg geräumt)

Sozialform: Klassenunterricht mit Paar- und Gruppenbildung

Material: Zahlenkarten (0–9), Musik oder Tamburin

Durchführung:

Alle Schüler erhalten eine Zahlenkarte und bewegen sich frei im Raum. Auf ein Signal, z. B. Musikstopp oder Tamburinschlag, finden sich jeweils Paare zusammen und bilden die kleinstmögliche oder größtmögliche Zahl (z. B. 2 und 6: 26 oder 62)

Variationen:

a) Zahlenraum wird über 100/über 1000 erweitert; es finden sich drei oder mehr Schüler zusammen (z. B. 2, 6, 7, 0: 2067 oder 7620)

b) Schüler bewegen sich frei im Raum und begrüßen ihren Vorgänger oder Nachfolger.

c) Auf Signal finden sich alle geraden und ungeraden Zahlen zusammen.

d) Es finden sich Paare zusammen, die zusammen 10 ergeben.

e) Kinder, die sich treffen, addieren oder multiplizieren ihre Zahlen ($2 + 6 + 7 + 0 = 15$; $2 \times 6 \times 7 \times 0 = 0$).

f) Es finden sich Gruppen zusammen, die zusammen eine Zahl der 5er-Reihe ergeben (z. B. $2 + 3$; $9 + 9 + 2$; $8 + 8 + 9$).

Ziele: Grundrechenarten festigen (alle Zahlbereiche)

Ort: Klassenraum mit etwas Bewegungsraum in der Mitte

Sozialform: Klassenunterricht

Material: Zahlenkärtchen (immer 3 oder 4 gleiche Zahlen, z. B. 3 × 24, 4 × 35, 4 × 77 usw.)

Durchführung:

Jeder Schüler zieht ein Zahlenkärtchen. Die Zahl entspricht dem „Familiennamen". Zu dieser Zahl, z. B. 46, überlegt sich jeder eine oder mehrere Rechenaufgaben, die die Zahl als Ergebnis ergeben, also z. B. 26 + 20, 2 · 23, 50 – 4 usw. Nun gehen alle durcheinander und flüstern jeweils einem anderen Kind eine der überlegten Aufgaben ins Ohr. Entspricht das errechnete Ergebnis der eigenen Zahl, so fassen sich die beiden an den Händen und gehen nun gemeinsam auf die Suche nach weiteren „Familienmitgliedern".

Ziel: alle Rechenarten festigen und Aufgabentypen üben

Ort: Sporthalle, Schulgebäude oder Schulhof

Sozialform: Partnerarbeit

Material: Laufkarte, Aufgabenkarten, Ergebniskarten

Durchführung:

Jedes Paar bekommt eine Laufkarte, auf der der Raum (Sporthalle, Schulgebäude, Schulhof) als Grundriss skizziert ist. In der Karte sind wie bei einem Orientierungslauf Punkte markiert, die in einer vorgegebenen Reihenfolge angelaufen werden müssen. Dabei erhält jedes Paar eine eigene Reihenfolge. An den markierten Punkten befindet sich jeweils eine Aufgabenkarte in einer Klarsichthülle oder einer Schuhschachtel. Die Aufgabenkarte wird von dem Läufer mitgenommen zum eigenen Start/Zielplatz. Dort angekommen startet der Partner zu dem nächsten Punkt, während der andere die Aufgabe löst und das Ergebnis an einer Kontrollstation selbst kontrolliert. Richtig gelöste Aufgabenkarten darf das Paar behalten, falsch gelöste Aufgabenkarten müssen an der Ergebnisstation
zurückgelassen werden.

Variation:

An den Markierungspunkten befinden sich jeweils zwei oder drei unterschiedlich schwierige Aufgaben (z. B. am Schuhkarton farbig gekennzeichnet), sodass der Läufer selbst entscheiden kann, welche Aufgabe er auswählt.

Hinweis:

Diese Übung passt auch in den Themenbereich *Raum und Form.*

Ziel: geometrische Formen erkennen

Ort: Klassenraum mit Platz zum Herumgehen, auch Schulgelände oder Sporthalle

Sozialform: Klassenunterricht

Material: evtl. Musik

Durchführung:

Die Schüler gehen oder laufen (je nach Raum) evtl. nach Musik durcheinander. Auf ein Signal (z. B. Musikstopp) halten sie an und der Lehrer ruft: „Ich seh' etwas, was du nicht siehst, und das ist rund/dreieckig …“. Die Kinder gehen oder laufen dann zu entsprechenden Formen, die sie im Raum entdecken.

Variation:

Die Aufgabe besteht nicht darin, irgendeinen bzw. alle Gegenstände im Raum mit der genannten Form zu finden, sondern es wird eine bestimmte Form gesucht. Derjenige, der diesen Gegenstand als erster benennt, kann die nächste Aufgabe stellen.

Die Aufgabe eignet sich auch für die Wochenplanarbeit.

Ziel: Aufgaben zu allen mathematischen Themenstellungen möglich
Ort: gesamtes Schulgelände, Schulhof oder Klassenraum
Sozialform: Partnerarbeit, Gruppenarbeit
Material: Aufgabenkarten, Puzzles

Durchführung:

Mathematikaufgaben werden an mehreren Orten oder an einem Platz im Schulgelände ausgelegt. Die Schüler holen sich immer eine Aufgabe aus dem entfernt gelegenen Aufgabenpool und lösen sie zusammen. Dann wird die Aufgabenkarte wieder zurückgebracht und eine neue geholt. Wenn eine bestimmte Anzahl von Aufgaben gelöst und vom Lehrer überprüft ist, können sie sich ein Puzzleteil abholen. Wenn alle Puzzleteile beisammen und richtig gelegt sind, ist die Aufgabe erfolgreich erledigt. Es gibt Aufgaben mit unterschiedlichem Anforderungsniveau, damit jeder Schüler auf seinem individuellen Niveau die Chance hat, sich das Puzzle zu erarbeiten. Jedes Gruppenmitglied darf eine oder mehrere Aufgaben auswählen.

Variationen:

a) Das Puzzle ist Ausgangsmaterial für eine weitere mathematische Aufgabe oder auch eine Bewegungsaufgabe.

   Beispiel:

   Auf dem fertigen Puzzle ist eine Seilspringaufgabe dargestellt.

b) Wenn die Aufgabe gerechnet ist, holen sich die Schüler die Lösungskarte zur Überprüfung aus einer anderen Ecke des Schulgeländes. Dafür müssen die Aufgaben- und Lösungskarten durchnummeriert sein. (Die Aufgabenkarten und die dazugehörigen Lösungskarten haben unterschiedliche Farben. Buchstaben oder Worte auf der Rückseite der Lösungskarten ergeben ein Wort oder einen Satz, der dann aufgeschrieben werden muss.)

c) Ein fertiges Puzzle zeigt den neuen „Suchort" der Aufgabenkarten auf dem Schulgelände an.

Diese Aufgabe kann sehr gut in Partnerarbeit oder auch in Einzelarbeit im Rahmen eines Wochenplans durchgeführt werden.

Ziel: Formen erkennen

Ort: Schulhof, Flur oder Sporthalle

Sozialform: Gruppenarbeit

Material: 16 Teppichfliesen, 8 Formenkarten (je 2 × Quadrat, Dreieck, Rechteck, Raute), mehrere Karten mit zusammengesetzten Formen, Spielsteine

Durchführung:

Mit den Teppichfliesen wird ein 4×4-Feld ausgelegt. An jede Spalte und Zeile wird eine Form angelegt.

Es werden vier oder fünf Kleingruppen gebildet. Jede Gruppe erhält mehrere Karten mit zusammengesetzten Formen, die auf der Rückseite die Auflösung enthalten.

Beispiel:

Nacheinander ist nun jede Gruppe an der Reihe, eine Karte hochzuhalten. Die anderen Gruppen beraten sich und setzen auf ein Signal alle gleichzeitig ihren Spielstein auf ein Feld. Anschließend wird die Lösung von der ersten Gruppe gezeigt.

Ziel: Längen erkennen und einschätzen

Ort: Klassenraum

Sozialform: Klassenunterricht, Einzelarbeit

Material: Lineal

Durchführung:

Der Lehrer zeichnet mehrere Längen mit dem Lineal an die Tafel (z. B. 10 cm, 35 cm, 4 cm). Die Schüler gehen im Klassenraum umher und suchen einen Gegenstand mit einer geschätzt entsprechenden Länge. Die Länge des Gegenstandes können sie zunächst zwischen Fingern oder den Händen messen und mit der vorgegebenen Länge an der Tafel vergleichen. Anschließend können sie mit dem Lineal die Länge messen und damit ihre Einschätzung selbst kontrollieren.

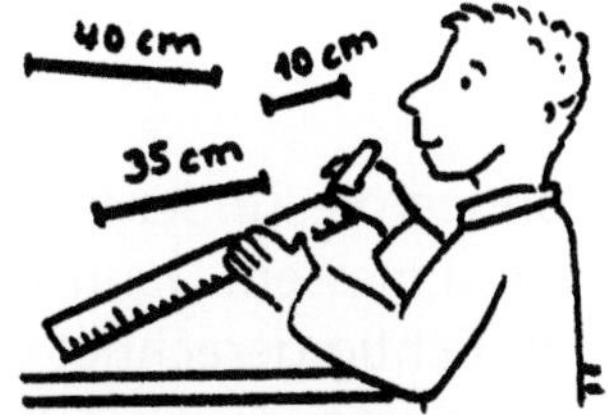

Ziele: Längen kennenlernen, messen und schätzen
Ort: Schulhof, Sportplatz, Sporthalle
Sozialform: Gruppenarbeit
Material: Sandsäckchen, Maßband, Papier und Stift

Durchführung:

Die Klasse teilt sich in mehrere Gruppen auf. Jede Gruppe sucht sich eine größere Freifläche. Der Erste der Gruppe wirft einen Sandsack. Die Gruppe misst die Weite und notiert sie. Danach wirft das nächste Kind. So geht es weiter, bis alle Kinder der Gruppe geworfen haben. Dann werden die einzelnen Weiten zusammengezählt. Es werden mehrere Durchgänge durchgeführt. Am Ende treffen sich die Gruppen. Jede Gruppe nennt die eigene Gesamtweite eines Durchgangs. Nun schätzen alle Kinder die Gesamtklassenweite – danach wird sie ausgerechnet.

Variationen:

a) Wenn der Platz ausreicht, können die Kinder jeweils von der Endposition ihres Vorwerfers aus werfen und messen. Dann kann am Ende durch Ausmessen überprüft werden, ob richtig gerechnet wurde. Falls das Ergebnis nur ungefähr stimmt, können gemeinsam die Ursachen für die Unstimmigkeiten gesucht werden.

b) Nach einem Wurf schätzen die Schüler zunächst die geworfene Weite und messen anschließend nach.

c) Die Kinder suchen sich ihr Gruppenwurfgerät aus einem Wurfgerätepool selbst aus. Die Ursachen unterschiedlichen Weiten der Gruppenwurfgeräte können dann mit allen diskutiert werden und bieten vielleicht die Möglichkeit eines fächerübergreifenden Themas (Sachunterricht).

Die Aufgabe kann auch als Einzelaufgabe in den Wochenplan aufgenommen werden. Das Kind kann sich einen beliebigen Wurfgegenstand aussuchen. Es wirft mehrere Male hintereinander, notiert jeden Wurf und zählt anschließend die einzelnen Weiten zusammen. Der Rechenweg und das Ergebnis werden dann aufgeschrieben.

Ziel: unterschiedliche Einheiten der Größen kennen und festigen

Ort: Sporthalle oder Schulgelände

Sozialform: Klassenunterricht

Material: Zahlenkarten aus verschiedenen Größenbereichen, z. B. Zeit, Geld, Längen, Gewicht, Volumen
Behälter (kleine Kästen, Reifen o. Ä.)

Durchführung:

Es werden Karten mit Zahldarstellungen verschiedener Größenbereiche genutzt. Es darf auch gleiche Karten geben. Diese können im Vorfeld mit den Kindern gemeinsam hergestellt werden. Nun werden auf der einen Seite der Sporthalle mehrere Behälter (kleine Kästen, Reifen o. Ä.) mit Karten gefüllt. Auf der anderen Seite liegen so viele Reifen zum Sammeln der Karten, wie es Größeneinheiten gibt. Bei den jüngeren Kindern können auch nur die unterschiedlichen Einheiten (z. B. Euro und Cent) einer Größe (Geld) in unterschiedlichen Reifen gesammelt werden.

Nun laufen die Schüler auf die andere Seite der Halle und holen sich eine Karte, die sie den Größenbereichen zuordnen müssen: in den einen Reifen alle Längeneinheiten, in den anderen alle Zeiteinheiten usw. Alle Kinder sammeln gemeinsam. Am Ende wird das Ergebnis von den Kindern und dem Lehrer gemeinsam überprüft.

Variation:

Es ist möglich, aus diesem Spiel eine Ausdauereinheit für die Kinder zu gestalten. Dann werden allerdings viele Karten benötigt. Bei einer normalen Sporthalle und etwa 20 Kindern benötigt man mindestens 300 Karten, wenn die Kinder etwa acht Minuten am Stück laufen sollen.